I0115279

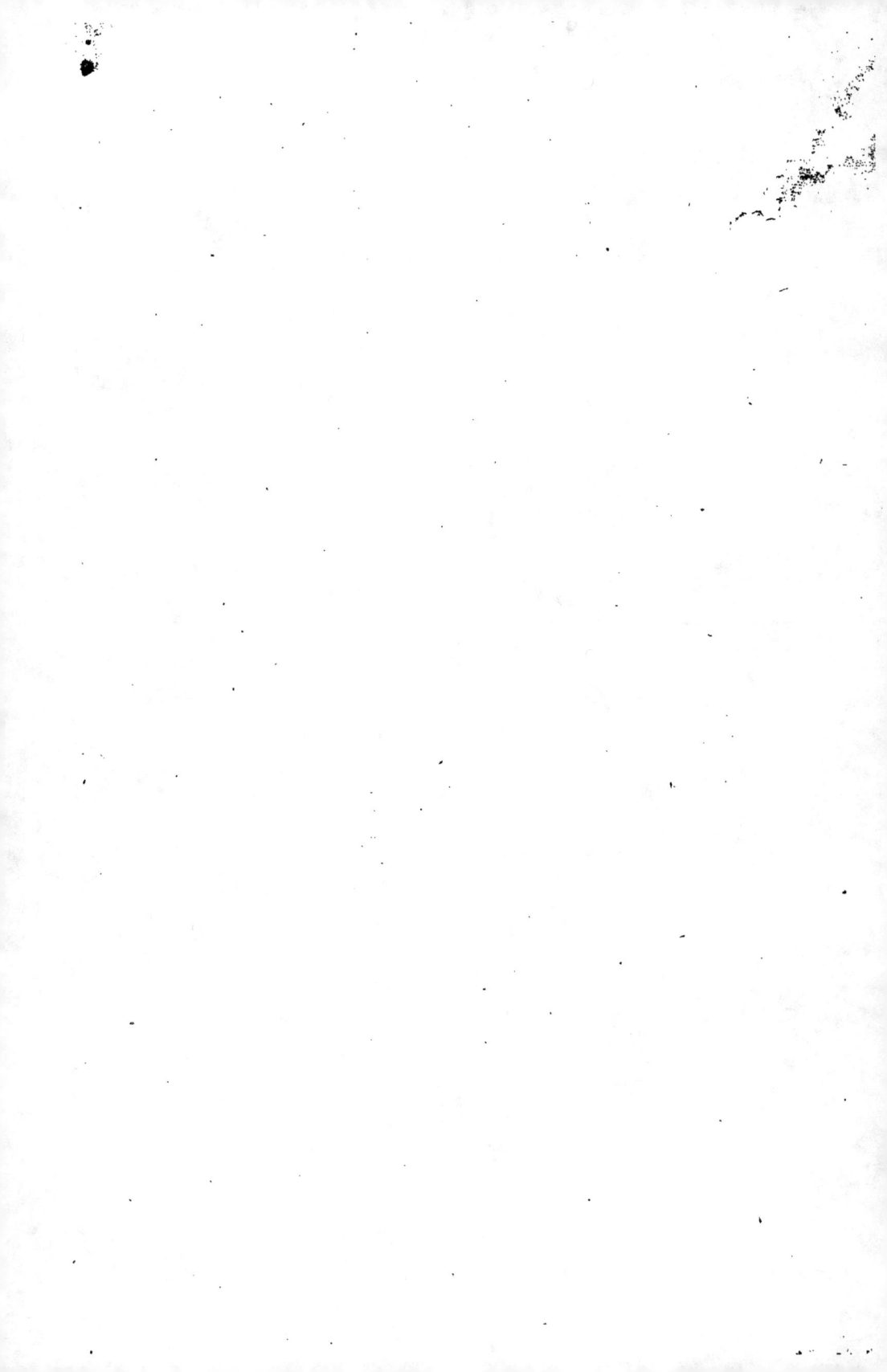

NOTICE

SUR

M. DE JANVILLE,

Ancien Conseiller au Parlement et Président de la Chambre des Comptes de Rouen, Président du Conseil général du département du Calvados, ancien Maire de Caen, Administrateur des Hospices et Trésorier de la Société d'Agriculture et de Commerce de cette ville,

PAR PIERRE-AIMÉ LAIR;

Secrétaire de la Société d'Agriculture et de Commerce, et Membre de l'Académie de Caen, correspondant de la Société d'Agriculture du département de la Seine, et de la Société Philomatique de Paris, etc.

A CAEN,

De l'Imprimerie de F. POISSON.

1809.

NOTICE

SUR

M. DE JANVILLE.

S'IL est des hommes que l'on doive proposer pour modèles et dont il soit doux de conserver la mémoire, ce sont ceux qui ont passé toute leur vie à faire de bonnes actions. Depuis quelque tems nous avons la douleur de perdre plusieurs écrivains célèbres qui semblent emporter avec eux le bon goût et les connaissances littéraires. Mais la mort des hommes de bien doit être encore plus sensible, et sous ce dernier rapport nous avons éprouvé en peu d'années de grandes pertes. On regrettera long-temps à Caen le président de Janville, le général Durosel, le commandeur Geraldin, MM. de Petiville, de Bougy, le Cordier, plus recommandables encore par leurs qualités personnelles et leurs vertus, que par leur fortune et le rang qu'ils tenaient dans le monde.

Louis-François-Pierre-Louvel de Janville, auquel nous nous proposons de consacrer cette notice, étoit né en 1743 à Paluel dans le pays de Caux.

Très-jeune encore, il prit le parti des armes. Il obtint une lieutenance au régiment de Bretagne, infanterie ; mais il ne tarda point à quitter la carrière militaire pour suivre celle de la magistrature. Il fit son droit dans l'université de Caen, si célèbre autrefois, et que nous espérons voir briller d'un nouvel éclat sous le nom d'académie.

M. de Janville occupa d'abord la charge de conseiller au parlement de Rouen. Il fut ensuite nommé président de la chambre des comptes de cette ville. Il dut cette dignité éminente à l'estime générale dont il jouissait, et dont l'honorait en particulier le chef de la magistrature. Il possédait les qualités qui forment un bon juge ; la pénétration, l'instruction et l'intégrité.

Envoyé à Caen pour présider un tribunal sévère, établi spécialement contre les contrebandiers, il remplit cette place avec tant de modération, qu'il fit disparaître aux yeux du public tout ce qu'elle pouvait avoir d'odieux. Souvent il menaçait, rarement il punissait. Si, comme organe de la loi , il était quelquefois forcé de condamner , jamais il ne manquait d'implorer la clémence du Roi en faveur du coupable. Le ministre lui ayant fait des reproches sur son extrême indulgence , il répondit qu'il comparait sa place à ces épouventails mis dans les arbres à fruit , plutôt pour effrayer les oiseaux que pour les tuer ; comparaison familière qui sert à faire connaître le caractère tout à la fois gai , spirituel et humain de notre collègue. Il avait obtenu la grace de deux prisonniers condamnés aux galères. On proposait de différer au lendemain de les mettre en liberté ; mais M. de Janville fut lui-même à la prison et les rendit sur le champ à leur famille. Ce trait d'humanité fut célébré dans le tems au palinod de Caen par plusieurs poëtes, entre autres par M. le Prêtre , membre de l'académie de cette ville , qui voulut alors garder l'anonime , mais qui nous permettra de le nommer aujourd'hui (1). Ainsi , les concours littéraires du palinod tendaient souvent à signaler les belles actions et à faire naître les talens. Les jeux floraux qu'institua Clémence Isaure viennent d'être réta-

_____

(1) Voyez le recueil des poésies couronnées au palinod de Caen en 1777.

blis à Toulouse, ne verrons-nous jamais aussi ré-
tablir le palinod, institué par nos ancêtres, et
qui a servi à développer les premiers germes du
talent des Malfilâtre, et de tant d'hommes dis-
tingués ?

Une circonstance heureuse contribua beaucoup à fixer à Caen M. de Janville. Il épousa
l'héritière de l'ancienne et illustre maison de Tournebu. Il apporta dans cette union les qualités
qui peuvent contribuer au bonheur, la bonté et
l'égalité de caractère. Beaucoup plus jeune que
son épouse, il ne cessa toute sa vie d'avoir pour
elle les attentions les plus marquées et de lui pro-
diguer les soins les plus tendres.

Pendant les tems orageux de la révolution, il
exerça plusieurs fonctions, entre autres celle
de maire de notre ville : les honneurs étaient
alors dangereux. En acceptant ces différentes places, il donna des preuves d'un véritable dévoue-
ment et son caractère conciliant les lui fit remplir
à la satisfaction générale.

Il rendit de grands services comme membre du
conseil du département du Calvados. Toujours il
en était nommé président et M. Moisson-Devaux
secrétaire. L'amitié étroite qui les unissait, tour-

nait au profit du bien public et leur faisait médi-
ter ensemble des projets utiles dont plusieurs ont
été réalisés.

Avec des mœurs aussi douces que celles de M.
de Janville, on devait aimer le séjour de la campagne. Le tems qu'il n'employait pas aux affaires,
il le passait à Eterville, habitation près de Caen
qu'il avait beaucoup embellie. C'était de toutes ses
terres, celle qu'il préférait. Là, débarrassé de tous
soins, il se plaisait à recevoir ses amis ; là, point
de faste, de luxe, de contrainte, beaucoup de
gaieté, de franchise et de liberté. Le maître du
château disparaissait ; on ne voyait que le plus affa-
ble des hommes, uniquement occupé de faire pas-
ser des momens agréables à ses hôtes.

Au reste, M. de Janville ne menait point à la
campagne une vie oisive ou simplement contem-
plative ; il s'occupait de culture. Il s'attachait par-
ticulièrement à multiplier les fruits de bonne qua-
lité. Ses jardins produisaient presqu'en tout tems
de l'année des plantes potagères d'espèces choi-
sies. Au milieu des rigueurs de l'hiver, il recueil-
lait les légumes que donnent le printems et l'é-
té ; son grand plaisir était d'en faire des pré-
sens. Il cultivait beaucoup les pommes de terre ;

il en avait obtenu une variété d'un goût exquis qu'il répandait de tous côtés. Cette pomme de terre est connue dans ce département sous le nom de Janville.

Ses liaisons avec M. Devaux lui avaient inspiré du goût pour les plantes. Il avait formé un herbier considérable qu'il voulut bien partager avec nous, présent qui nous sera toujours cher et que nous gardons comme un gage honorable de son amitié. Cet herbier est précieux par la fraîcheur des fleurs, par la conservation des feuilles et des fruits, et par les formes naturelles des plantes : on dirait qu'elles viennent d'être cueillies.

Chargé par la société d'agriculture de faire des essais sur *le plantage* du blé proposé par M. de Larochefoucault-Liancourt, il était parvenu à faire rapporter à un grain 108 épis qui produisirent 1560 grains ; (*) mais il n'admettait point cette méthode pour nos campagnes où la main d'œuvre est très-chère. Il faisait sur la vigne et sur les abeilles des expériences dont il se proposait

---

(*) Voyez la note de M. Tessier, tome 37, page 390 des annales de l'agriculture française.

de rendre compte. Il avoit aussi composé un mémoire sur les plantations ; et joignant la pratique
à la théorie, il avoit formé des pépinières très-
étendues dans toutes ses propriétés. On lisait cette
inscription sur celle d'Eterville :

Serit arbores quæ alteri sæculo prosint.

On remarquait encore celle-ci :

Deo immortali.....!
Qui non accipere modo hæc à majoribus voluit
sed etiam posteris prodesse.

Inscriptions bien conformes à son caractère
ennemi de l'égoïsme ; car dans tout ce qu'il en-
treprenait, il travaillait autant pour les autres que
pour lui-même.

Faire le bien était devenu pour lui une douce
habitude. Quoiqu'il préférât le séjour d'Eterville ;
les indigens des autres endroits où il possédait
des propriétés, avaient également part à ses libéralités. Il les visitait lui-même et ne dédaignait
point d'entrer dans les plus petits détails sur leurs
besoins. A l'un il donnait du pain, à l'autre des
médicamens ; à celui-ci il faisait apprendre un mé-
tier, à celui-là il accordait du bois pour bâtir une
maison ; quelquefois même il la faisait construire
entièrement à ses frais : chacun se ressentait de sa

générosité, et s'il n'avait pas d'enfans, il était devenu le père de tous les pauvres. Les regrets des
habitans de Tournebu, de Janville, de Livet,
d'Eterville n'attestent que trop la vérité de ce
que nous avançons.

On se rappelle l'incendie qui eut lieu en mil
huit cent sept dans cette dernière paroisse. La
désolation était générale. Aussi-tôt M. de Janville accourt, donne des secours et des conso-
lations de tout genre aux infortunés habitans,
et parvient à sécher leurs larmes. Quatre d'entre
eux, à force de bons soins, furent arrachés à
la mort. Le curé d'Eterville, M. Hartel, qui
avait partagé son empressement à les soulager,
reçut de lui un vase d'argent sur lequel était gra-
vée cette inscription touchante :

Les brebis d'Eterville à leur Pasteur.

La manière dont il obligeait ajoutait encore un
nouveau prix au bienfait. Il y mettait une grâce,
une délicatesse particulière. Quand on lui pro-
curait l'occasion de rendre service, il semblait
qu'on lui rendît service à lui-même. Combien de
ses libéralités secrètement versées dans le sein
des malheureux sont restées inconnues ! Que de
personnes vivent dans l'aisance et la doivent, sans

qu'on le soupçonne, à M. de Janville ! Nous pourrions en citer quelques exemples connus malgré son extrême discrétion. Mais il pensait qu'une main doit ignorer le bien que fait l'autre. Respectons les intentions du bienfaiteur, et en voulant honorer sa mémoire, n'humilions personne.

M. de Janville ne ressemblait point à ces hommes opulens qui se croient dispensés de mettre de l'ordre dans l'administration de leurs biens parce qu'ils en ont beaucoup. S'il était libéral, jamais il ne fut prodigue. Il ne suffit pas, disait-il, de faire le bien, il faut le bien faire. Il raisonnait en quelque sorte ses largesses. Il ne voulait pas qu'elles servissent à entretenir l'oisiveté, et sa bienfaisance toujours dirigée par le discernement, inspirait le goût du travail. Tout homme qui en manquait était sûr d'en trouver chez lui. Aussi ne voyait on ni paresseux, ni pauvres autour de ses propriétés. Plût à Dieu que dans toutes les communes il existât des hommes qui fissent un aussi bel emploi de leur fortune, l'indigence et la mendicité disparaîtraient par le meilleur de tous les moyens !

La société d'agriculture proposa en 1803 un

programme pour la destruction de la mendicité
dans le département du Calvados, sujet de prix
digne du zèle de ses membres. Il s'agissait de faire
un rapport public sur les différens mémoires en-
voyés au concours. Personne ne parut plus digne
que M. de Janville d'être en cette occasion l'organe de la société.

Il s'était insensiblement démis de toutes ses
places. Il n'avait conservé que celle d'administrateur des hospices. Ils étaient dans un dénue-
ment complet lorsqu'il y fut appelé. Ils man-
quaient de linge, de vêtemens, de bois et même
de subsistances. Quiconque les a vus à cette épo-
que privés des objets les plus nécessaires et les
visiterait aujourd'hui, les reconnaîtrait à peine,
tant ils ont éprouvé d'heureux changemens. M.
de Janville employa tous ses soins à la restau-
ration de ces utiles établissemens; et si son nom
n'a pas été fastueusement tracé sur les murs de ces
maisons hospitalières, il est gravé d'une manière
ineffaçable dans le cœur des malheureux. Saisis-
sons l'occasion de rendre également hommage
aux personnes qui partagèrent ses travaux et
à l'administrateur en chef du département qui
les seconda avec tant de zèle. Payons aussi le
tribut de la reconnaissance à ces femmes véné-

rables dévouées au soulagement de l'humanité souffrante dans ce qu'elle présente de plus repoussant, et qui ne tiennent à la terre que pour y donner des exemples de vertu.

Personne n'était sans doute plus digne d'être heureux que M. de Janville ; et celui qui contribuait au bonheur de tout ce qui l'environnait semblait devoir en jouir lui-même. Mais vers la fin de sa vie, devenu très sédentaire et livré à une profonde mélancolie, rien ne pouvait le distraire ni le tirer de sa solitude. Il avait fini par tomber dans une espèce de marasme. On le trouvait, au reste, toujours prêt à donner des preuves de sa générosité. Quelque tems avant de mourir il entend parler du désastre arrivé à Cherbourg, suite funeste de l'ouragan du 12 février 1808. Languissant et presque dans les douleurs de l'agonie, il fait remettre à un de nos confrères, M. Chantereine, une somme considérable pour les familles des malheureux naufragés : ainsi la dernière de ses actions a été un acte de bienfaisance.

M. de Janville est mort à Eterville le 29 juillet 1808, âgé de 65 ans. L'estimable rédacteur du journal du Calvados a fait son éloge complet dans une ligne, lorsqu'il a dit : *Ses amis et les pauvres ont fait une perte irréparable.*

Les personnes qui n'ont point connu M. de Janville, croiront peut-être que nous l'avons trop loué; mais celles qui l'ont vu fréquemment et dans l'intimité, conviendront que nous l'avons peint tel qu'il était. Quiconque ne l'a rencontré que passagèrement dans la société et dans les dernières années de sa vie, l'a sans doute mal jugé. Il n'a pu apprécier son bon esprit dans la conduite intérieure de sa maison, la prudence, la sagesse même qui dirigeaient ses actions. Aucune propriété n'était mieux entretenue, aucune fortune mieux dirigée que la sienne. Avec cet enjouement et cette apparence de légèreté qu'il portait dans le monde, il avait un caractère très-solide. On ne le regardait que comme un homme aimable, c'était de tous les hommes le plus aimant et le plus sensible, c'était le meilleur des amis. On connaît l'union intime qui existait entre lui et M. Devaux. Elle était, il est vrai, fondée sur beaucoup de rapports. Tous deux du même âge, ils avaient d'abord embrassé le parti des armes; tous deux dans des tems difficiles, également animés de l'amour du bien public, ils avaient rempli les mêmes places et s'étaient trouvés dans les mêmes circonstances ; tous deux enfin bons , humains et généreux , ils avaient à peu près les mêmes inclinations et les mêmes goûts. S'ils différaient entre eux , c'est que l'un brillait plutôt par son instruction et ses connaissances variées , et l'autre se distinguait sur-tout par sa bienfaisance et ses qualités morales.

M. de Janville fut tellement affligé de la perte de M. Devaux , que depuis ce tems-là , son caractère très - gai est devenu triste et sombre ; il lui a même peu survécu. Il semble qu'ayant été inséparables pendant leur vie , ils n'ayent pas voulu tarder à se rejoindre et qu'ils aient désiré réaliser cette idée de Fénélon : *Que les amis devraient s'entendre pour mourir ensemble le même jour.*

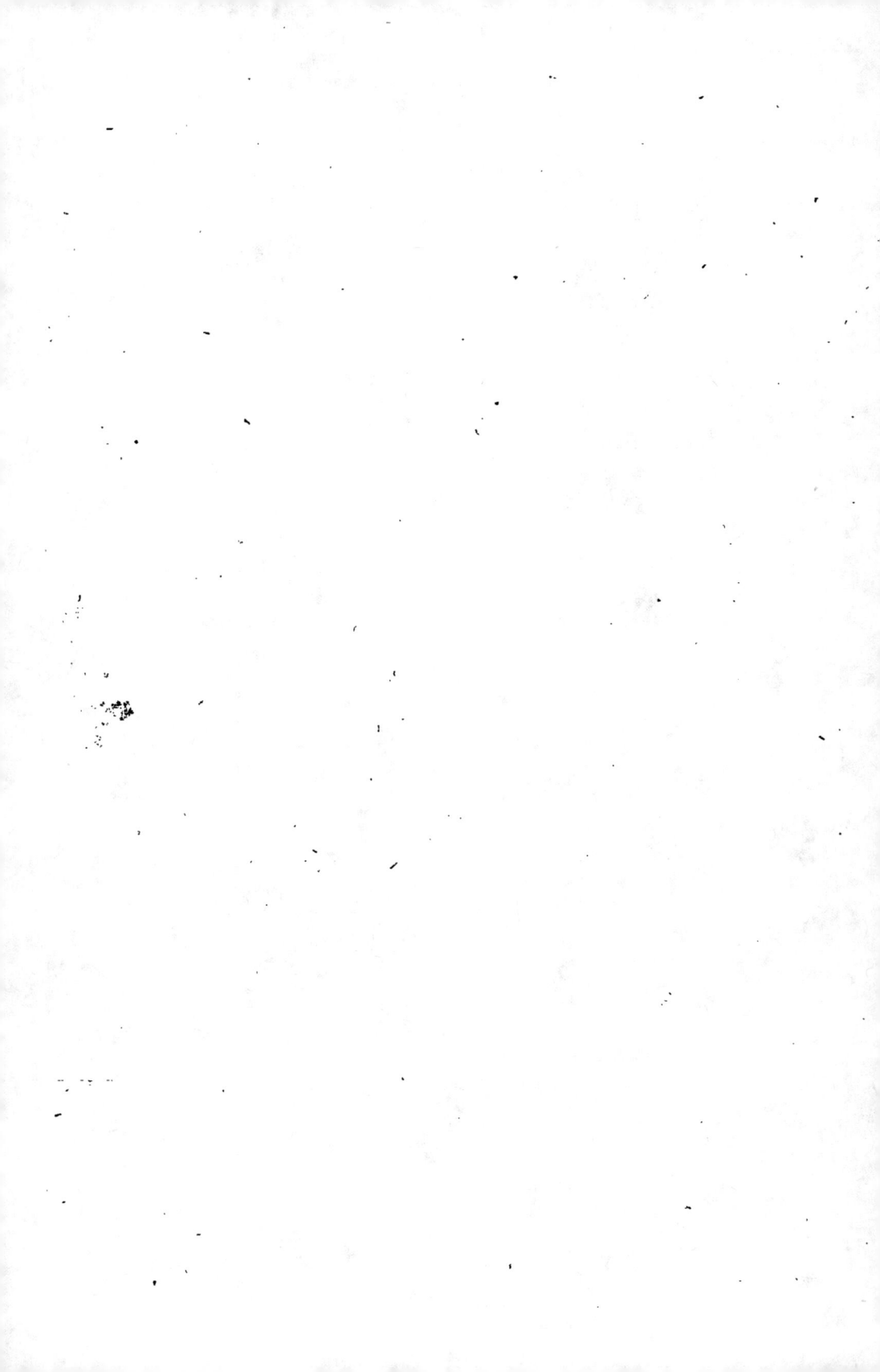

www.ingramcontent.com/pod-product-compliance
Lightning Source LLC
Chambersburg PA
CBHW060712280326
41933CB00012B/2410